Michael Lang

Konzeption einer Implementierungsstrategie

Grundlagen - Methoden - Anwendung - Kritische Bewertung

GRIN Verlag

Bibliografische Information der Deutschen Nationalbibliothek:

Die Deutsche Bibliothek verzeichnet diese Publikation in der Deutschen National-
bibliografie; detaillierte bibliografische Daten sind im Internet über http://dnb.d-
nb.de/ abrufbar.

Impressum:

Copyright © 2012 GRIN Verlag GmbH
Druck und Bindung: Books on Demand GmbH, Norderstedt Germany
ISBN: 978-3-656-16038-0

Dieses Buch bei GRIN:

http://www.grin.com/de/e-book/191254/konzeption-einer-implementierungsstrategie

GRIN - Your knowledge has value

Der GRIN Verlag publiziert seit 1998 wissenschaftliche Arbeiten von Studenten, Hochschullehrern und anderen Akademikern als eBook und gedrucktes Buch. Die Verlagswebsite www.grin.com ist die ideale Plattform zur Veröffentlichung von Hausarbeiten, Abschlussarbeiten, wissenschaftlichen Aufsätzen, Dissertationen und Fachbüchern.

Besuchen Sie uns im Internet:

http://www.grin.com/

http://www.facebook.com/grincom

http://www.twitter.com/grin_com

Risikomanagement in der Implementierungsphase

Grundlagen - Methoden - Anwendung
Kritische Bewertung

Assignment
in dem Modul
Konzeption einer Implementierungsstrategie
an den
AKAD Privat-Hochschulen

vorgelegt von
Michael Lang

Neu-Ulm, Februar 2012

Inhaltsverzeichnis

Abbildungsverzeichnis

Abkürzungsverzeichnis

BMVg	Bundesministerium der Verteidigung
BWL	Betriebswirtschaftslehre
COSO	Committee of Sponsoring Organizations
COTS	Commercial Off-The-Shelf
DIHK	Deutsche Industrie- und Handelskammer
IEEE	Institute of Electrical and Electronics Engineers
ISO	International Organization for Standardization
IT	Informationstechnologie
Ltd	Limited
PMI	Project Management Institute
ReMiP	Reference Migration Process
RUP	Rational Unified Process
SWOT	Strengths Weaknesses Opportunities Threats

Kapitel 1

Einführung

„The success rate for IT projects remains unacceptably low.
The Standish Group reveals that only 32 percent of IT projects are successful, 24 percent
were canceled and the remaining 44 percent were completed over-budget."

(Tesch, Kloppenborg, & Frolick, 2007, S. 61)

Mit dieser Einleitung stellen die Autoren die gravierenden Fehlschläge von IT-Projekten in den letzten Jahren heraus. Anhand einer Studie der Standish Group (2009) wurden nur 32 Prozent der untersuchten IT-Projekte erfolgreich abgeschlossen. Die restlichen 68 Prozent wurden weder pünktlich noch zu den geplanten Kosten fertiggestellt. Manche IT-Projekte wurden vor ihrem Abschluss sogar komplett eingestellt. Allein in amerikanischen Unternehmen beziffert sich der durch gescheiterte IT-Projekte verursachte Schaden zwischen 2002 und 2004 auf 130 Milliarden Dollar (Jeffery & Leliveld, 2004). Nach Aussage von Taylor (2006, S. 49) ist dies unter anderem auf ein unzureichendes Risikomanagement während der Implementierungsphase von IT-Projekten zurückzuführen. Eine tiefgreifende Änderung während der Implementierungsphase hat das Risikopotential den Erfolg eines IT-Projekts langfristig zu gefährden (Kroll & Krutchten, 2004, S. 29).

Aus diesem Grund fragen sich viele Projektleiter wie sie für die Implementierungsphase ein effizientes Risikomanagement aufbauen können um Risiken frühzeitig zu erkennen und wenn möglich zu eliminieren. Um diese Fragen zu beantworten wird im Rahmen dieser Arbeit zu Beginn im Abschnitt 2.1 der Begriff Implementierung definiert sowie das Forward Engineering der Migration gegenübergestellt. Der Abschnitt 2.2 gibt einen Überblick über das Risiko und das Risikomanagement. Zu Beginn des Kapitels 3 wird die Rolle des Risikomanagements in die Implementierung eingeordnet, bevor ab Abschnitt 3.3 ein Risikomanagement-Konzept für die Fallstudie Learnit Ltd. erarbeitet wird. Dies beinhaltet zum einen die Einbindung eines angepassten Risikomanagementprozesses. Zum anderen werden potentielle Risiken in den einzelnen Phasen der Implementierung identifiziert und entsprechende Gegenmaßnahmen erläutert. Im Kapitel 4 werden die Vorteile sowie die Grenzen des Risikomanagements diskutiert. Zum Schluss werden im Kapitel 5 die wichtigsten Erkenntnisse zusammengefasst und ein kurzer Ausblick gegeben.

Kapitel 2

Grundlagen

2.1 Grundlagen der Implementierung

2.1.1 Begriff der Implementierung

Die *Implementierung* ist eine Phase[1] innerhalb eines Softwareprojekts (Abbildung A.1). Sie kann nach Herrmann (2009, S. 7) verschiedene Aktivitäten beinhalten und deshalb unterschiedlich definiert werden (Abbildung 2.1).

1. **Allgemeine Definition: Implementierung**
   Der Begriff der Implementierung wird nach IEEE-Standard (1990) definiert als „the process of translating design into hardware components, software components, or both". Dies bedeutet, dass die Implementierung lediglich die Programmierung eines lauffähigen Programms auf Basis eines vorhandenen Design-Entwurfs darstellt.

2. **Erweiterte Definition: Implementierung**
   Nach Herrmann (2009) sind neben der reinen Programmierung aber auch die Aktivitäten *Test*, *Abnahme* sowie *Wartung* und *Pflege* Elemente der Implementierung.

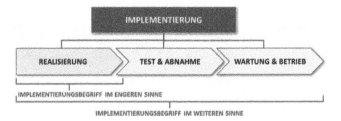

Abbildung 2.1: Begriff der Implementierung (eigene Darstellung)

---

[1]Eine Phase ist eine Menge voneinander abhängiger Aktivitäten (Herrmann, 2009, S. 3).

Für die nachfolgende Ausarbeitung wird die Definition von Herrmann (2009) verwendet, weil sie die für die Fallstudie notwendige Einführung von IT-Systeme unter Berücksichtigung der vorhandenen Ablauf- und Aufbauorganisation einbezieht.

2.1.2 Implementierungsstrategien

Die Durchführung einer Implementierung hängt von der gewählten Strategie ab. Im Allgemeinen werden drei *Implementierungsstrategien* unterschieden (Abbildung 2.2):

1. **Forward Engineering:** Anhand einer Systemspezifikation wird ein IT-System neuentwickelt oder funktional erweitert. Nach Chikofsky (1990) unterscheidet man:

   - **Neuentwicklung:** Realisierung eines neuen Softwaresystems

   - **Wartung:** Funktionale Weiterentwicklung eines bestehenden Softwaresystems

2. **Reengineering oder Migration:** Transformation eines Altsystem (engl. Legacy System) in eine andere Zielumgebung oder eine neue Form ohne seine fachliche Funktionalität zu verändern (Agarwal et al., 2009). Man unterscheidet zwischen:

   - **Cold Turkey:** Migration durch Neuentwicklung des gesamten Altsystems

   - **Kapselung:** Umhüllen eines Altsystems mit einem *Wrapper*, sodass es mit neuen Komponenten kommunizieren kann

   - **Standardsoftware:** Ersetzung eines Altsystems durch Standardsoftware

   - **Rehosting:** Migration eines Softwaresystems in eine neue Hardwareumgebung

3. **Beibehaltung des Status quo:** Ein IT-System wird ohne Veränderung ausgeführt bis dessen Betrieb eingestellt wird (Herrmann, 2009. S. 6).

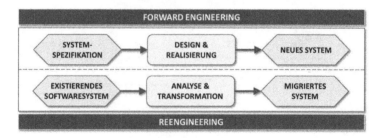

Abbildung 2.2: Forward Engineering versus Reengineering (Agarwal et al., 2009, S. 245)

Bei Projekten, die eine funktionale Erweiterung sowie eine Überführung eines Altsystems planen, sollte nach Empfehlung von Herrmann (2009, S. 10) das Altsystem zuerst migriert und anschließend erweitert werden. Die Abbildung 2.3 fasst das Tätigkeitsfeld des *Forward Engineering* und der *Migration* im Rahmen des Softwarelebenszyklus zusammen.

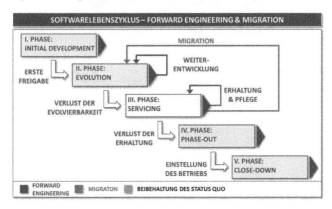

Abbildung 2.3: Implementierungsstrategien im Softwarelebenszyklus (Ackermann, 2005)

Die Gemeinsamkeiten und Unterschiede des Forward Engineering und der Migration werden in Abbildung A.4 zusammengefasst. In Abbildung A.2 wird einen Überblick über die darin verwendeten Vorgehensmodelle gegeben.

2.2 Risiko und Risikomanagement

2.2.1 Risiko

Risiko wird als das Produkt aus der Wahrscheinlichkeit eines Ereignisses und dessen Auswirkung definiert (Kouns & Minoli, 2010, S. 34). Das Risiko kann in folgende mathematische Formel ausgedrückt werden:

$$Risiko = (Eintrittswahrscheinlichkeit) \times (negative\ Auswirkung)$$

Eintrittswahrscheinlichkeit: Eine Maßzahl, die die Wahrscheinlichkeit des Eintretens eines Ereignisses angibt. Sie wird üblicherweise als Prozentwert angegeben.

Negative Auswirkung: Der berechnete finanzielle Schaden, der durch das Eintreten eines negativen Ereignisses entstehen würde.

Die mathematische Formel stellt heraus, dass weniger wahrscheinliche Ereignisse mit einer hohen Schadenshöhe dasselbe Risiko aufweisen wie Ereignisse mit einer hohen Wahrscheinlichkeit aber einer geringen Auswirkung. Das linke Diagramm gibt einen allgemeinen Überblick über Risikokomponenten (Abbildung 2.4).

2.2.2 Risikomanagement

Nach Aussage von Kerzner (2009, S. 746) kann *Risikomanagement* folgendermaßen zusammengefasst werden:

- **Definition:** Risikomanagement ist ein Verfahren, dass sich mit dem Umgang von Risiken beschäftigt. Es beinhaltet das Planen, Identifizieren und Analysieren von Risiken sowie die Entwicklung von Gegenmaßnahmen zu deren Minimierung. Dazu gehört auch die Überwachung und Steuerung von Risiken um die Veränderung von Risiken zu bestimmen (Abbildung 2.4) (Kerzner, 2009, S. 746).

- **Ziel:** Das Ziel des Risikomanagements ist, die Wahrscheinlichkeit und die Auswirkung negativer Ereignisse zu verhindern oder wenigstens zu minimieren (PMI, 2008, S. 273).

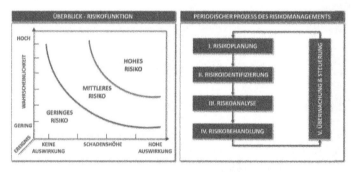

Abbildung 2.4: Elemente des Risikos und Risikomanagements (Kerzner, 2009, S. 744-746)

Kapitel 3

Risikomanagement in der Implementierung

3.1 Rolle in der Implementierung

Zu Beginn wird die Rolle des Risikomanagements in der Implementierungsphase einge-ordnet, bevor in dem darauffolgenden Abschnitt ein entsprechendes Risikomanagement-Konzept für die Fallstudie Learnit Ltd. erarbeitet und eingeführt wird (Abbildung 3.1):

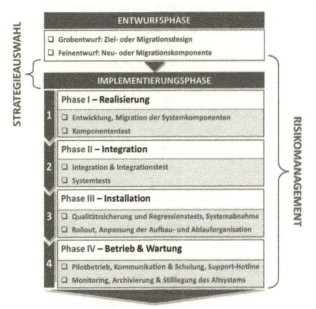

Abbildung 3.1: Rolle des Risikomanagements (eigene Darstellung)

1. **Entwurfsphase:** In dieser Phase wird mithilfe der Ergebnisse der Anforderungs-analyse die Zielarchitektur des Systems erstellt (Bunse & Knethen, 2008, S. 5).

2. **Implementierungsphase:** In der Implementierungsphase selbst wird das Software-system basierend auf der Zielarchitektur realisiert, integriert und beim Endkunden installiert bis es letztendlich in die Betriebs- und Wartungsphase übergeht (Herr-mann, 2009).

In diesem Kontext unterstützt das Risikomanagement sowohl die Auswahl der Implemen-tierungsstrategie als auch die Phasen und Aktivitäten der Implementierung selbst.

3.2 Überblick - Fallstudie Learnit Ltd

Die Learnit Ltd. ist ein international agierendes Unternehmen für Fort- und Weiterbil-dungsmaßnahmen, das im Folgenden kurz beschrieben wird (Abbildung B.1):

1. **Produktportfolio:** Das Weiterbildungsangebot fokussiert sich auf die Bereiche Be-triebswirtschaft, angewandter Informatik, Sprachen sowie einen internationalen MBA-Studiengang.

2. **Kunden:** Das Angebot richtet sich an Privat- und Firmenkunden. Neben dem Hoch-schulangebot werden mit der Deutschen Industrie- und Handelskammer (DIHK) auch weitere Maßnahmen angeboten.

3. **Organisation:** Die Learnit Ltd. ist Träger mehrerer Hochschulen und Institute in zehn Ländern mit Firmensitz in Stuttgart. Sie beschäftigt 1800 Mitarbeiter wovon 400 freiberufliche Dozenten, Autoren und Korrektoren sind.

4. **Finanzen und IT-Budget:** Bei einem Jahresumsatz von 150 Mio. Euro stehen etwa 6% für IT-Ausgaben zur Verfügung.

Aufgrund der Unternehmenszukäufe in den letzten Jahren besitzt die Learnit Ltd. eine heterogene IT-Landschaft. Deshalb wurde ein externes Softwarehaus mit der Realisierung eines einheitlichen Learn Management Systems (LMS)[1] beauftragt, das nun die bisheri-gen Altsysteme ablösen soll. Um eine erfolgreiche Umsetzung sicherzustellen, soll daher ein Risikomanagement-Konzept erstellt werden, sodass Probleme frühzeitig erkannt und behandelt werden können.

---

[1]Ein Learn Management System ist eine serverseitig installierte Software, die beliebige Lerninhalte über das Internet zu vermitteln hilft und die Organisation der dabei notwendigen Lernprozesse unterstützt (Baumgartner et al., 2002)

3.3 Empfohlenes Risikomanagement - Learnit Ltd

Das Risikomanagement-Konzept umfasst einen Risikomanagementprozess mit entsprechenden Analysemethoden sowie einer Empfehlungen für die Implementierungsstrategie. Des Weiteren wird auf potentielle Risiken der einzelnen Implementierungsphasen hingewiesen und entsprechende Gegenmaßnahmen erläutert (Abbildung B.1).

3.3.1 Risikomanagementprozess

Für die Implementierung des Learn Management Systems wird die Einbindung eines *Risikomanagementprozesses* basierend auf dem ISO/IEC 27005 Standard (ISO & IEC, 2008) empfohlen. Der Prozess besteht aus den folgenden sieben Schritten und kann relativ einfach integriert werden (Abbildung 3.2):

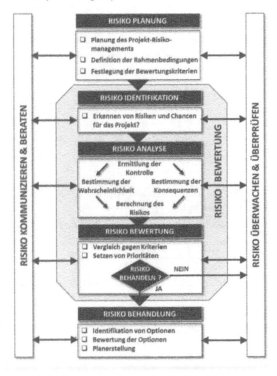

Abbildung 3.2: Risikomanagementprozess (Königs, 2009, S. 32)

Schritt 1 - Kommunikation und Beratung

Innerhalb des Kommunikations- und Beratungs-Schrittes werden die für die Risikobewertung erforderlichen Interessengruppen bestimmt.

Schritt 2 - Risikoplanung

In diesem Schritt werden die Strategie und Methoden festgelegt mit denen Unsicherheiten identifiziert und analysiert werden sollen. Dies beinhaltet die Erstellung eines Risikomanagementplans und Risikoregisters zu denen beide Parteien Zugriff haben (PMI, 2008).

Schritt 3 - Risikoidentifikation

In diesem Schritt sollen Unsicherheiten erkannt werden, die sich negativ auf die Implementierungsphase auswirken können (Kerzner, 2009, S. 755). Die Risiken können durch Brainstorming, Interviews oder einer SWOT-Analyse mithilfe dieser Fragen erarbeitet werden: Was kann passieren, wie kann es passieren und warum kann es passieren?

Schritt 4 - Risikoanalyse

Der nächste Schritt beschäftigt sich mit der Klassifikation von Risiken hinsichtlich deren negativen Auswirkungen und Eintrittswahrscheinlichkeiten. Das Klassifikationsschema für das LMS-Projekt kann folgenderweise aussehen (Abbildung 3.3):

	EINTRITTSWAHRSCHEINLICHKEIT				
AUSWIRKUNG	WAHRSCHEINLICH	VORAUSSICHTLICH	GELEGENTLICH	SELTEN	UNWAHRSCHEINLICH
KATASTROPHAL	Extrem	Extrem	Hoch	Hoch	Mittelmäßig
KRITISCH	Extrem	Hoch	Mittelmäßig	Mittelmäßig	Niedrig
UNWESENTLICH	Hoch	Mittelmäßig	Mittelmäßig	Niedrig	Niedrig
GERINGFÜGIG	Mittelmäßig	Niedrig	Niedrig	Niedrig	Niedrig

Abbildung 3.3: Klassifikation von Risiken (The Open Group, 2009, S. 350)

Schritt 5 - Risikobewertung

Nach der Risikoklassifikation wird im fünften Schritt bestimmt, ob ein Risiko akzeptiert oder behandelt werden muss. Das Ergebnis ist eine Prioritätenliste der Risiken, die nach ihrer Wichtigkeit bearbeitet werden sollen (Kerzner, 2009, S. 761).

Schritt 6 - Risikobehandlung

Dieser Schritt ist für die Erarbeitung von Gegenmaßnahmen zur Risikoreduzierung verantwortlich. Nach Kerzner (2009, S. 782) können vier Strategien unterschieden werden:

- **Risikovermeidung:** Änderung der gesamten Implementierungsstrategie

- **Risikoübertragung:** Verlagerung der negativen Auswirkung an eine dritte Partei

- **Risikominimierung:** Minimierung der Eintrittswahrscheinlichkeit und/oder die negative Auswirkung eines Risikos

- **Risikoakzeptanz:** Die letzte Alternative, wenn keine entsprechende Gegenmaßnahme identifiziert werden konnte.

Schritt 7 - Risikoüberwachung und Überprüfung

Die Projektverantwortlichen müssen Risiken periodisch überprüfen um das Risikoregister aktuell zu halten. Daneben muss die Effizienz der Risikobehandlung beurteilt werden.

Letztendlich wird es in einem IT-Projekt immer Risiken geben. Deshalb muss der Risikomanagementprozess in allen Implementierungsphasen mehrmals durchgeführt werden.

3.3.2 Instrumente der Risikoanalyse

In diesem Abschnitt wird ein Überblick über die *Instrumente* für die Bestimmung des Risikowertes gegeben. Die Instrumente können für die Risikoevaluierung innerhalb der Implementierungsphase des LMS verwendet werden (Königs, 2009) (Abbildung 3.4):

Abbildung 3.4: Methoden der Risikoanalyse (Königs, 2009, S. 43)

3.3.3 Risikomanagement bei der Strategieauswahl

Bevor mit der Implementierung des LMS begonnen werden kann, muss die Projektorganisation geklärt sowie die Implementierungsstrategie ausgewählt werden (Abbildung 3.5):

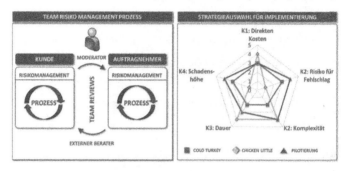

Abbildung 3.5: Risikomanagement bei der Strategieauswahl (eigene Darstellung)

- **Projektorganisation:** Das Projektteam muss neben technischen auch kulturelle und organisatorische Herausforderungen bewältigen. Um diesen Risiken zu begegnen wird das *Team Risk Management Organisation* nach Higuera (1994) empfohlen. Darin werden regelmäßig *Team Reviews* mithilfe eines Moderators durchgeführt. Das Ziel ist, dass Kunde und Auftragnehmer ihre identifizierten Risiken frühzeitig diskutieren anstatt diese von der Gegenseite geheim zu halten.

- **Implementierungsstrategie:** Aufgrund der Komplexität und der hohen Anzahl an Altsystemen wird von dem *Cold Turkey* und *Chicken-Little*-Ansatz abgeraten. Deshalb wird für die Implementierung des LMS eine *Pilotierung* mit schrittweiser Einführung auf Basis der Benutzergruppen empfohlen (linke Abbildung 3.5 und A.3).

3.3.4 Risikomanagement in den Implementierungsphasen

Phase I - Realisierung des Learn Management Systems

In der Phase *Realisierung* wird das LMS auf Basis der Kundenanforderungen und des Systementwurfs entwickelt. Die größten Risiken dieser Phase sind (Abbildung 3.6):

- **Unrealistische Erwartungen:** Nach Jobs (1988) wissen Kunden erst was sie nicht wollen, sobald es ihnen gezeigt wird. Um unrealistische Erwartungen vorzubeugen, sollte ein erster Prototyp des LMS frühzeitig vorgestellt werden.

- **Mangelnde Nutzerbeteiligung:** Nach der Standish Group (2009) ist eine mangelnde Nutzerbeteiligung die zweitgrößte Ursache für das Scheitern von Projekten. Deshalb wird eine kontinuierliche Durchführung von Kundenworkshops empfohlen um eine breite Akzeptanz des neuen LMS zu fördern.

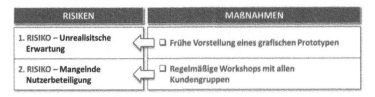

Abbildung 3.6: Risiken bei der Realisierung des LMS (eigene Darstellung)

Phase II - Integration des Learn Management Systems

In dieser Phase werden die einzelnen Komponenten des LMS auf dem Testsystem integriert und Integrationstests unterzogen. Die größten Risiken dieser Phase sind (Abbildung 3.7):

- **Keine oder unrealistische Testdaten:** Für die Durchführung von Integrationstests werden realitätsnahe Testdaten benötigt. Um entsprechende Testdaten von der Learnit Ltd. zu erhalten, sollte frühstmöglich die entsprechenden Ansprechpartner identifiziert und mit dem Kunden deren Verfügbarkeit eingeplant werden.

- **Unterschiede zwischen Test- und Realsystem:** Nach Aussage der Learnit Ltd. sollen aus Kostengründen möglichst alle an den Standorten vorhandenen Hardware- und Softwareplattformen für das LMS wiederverwendet werden. Um diese Anforderung aus Kompatibilitäts- und Performanzgesichtspunkten zu gewährleisten, sollten die Systeme zu diesem Zeitpunkt erfasst, überprüft und wenn nötig deren Austausch beantragt werden.

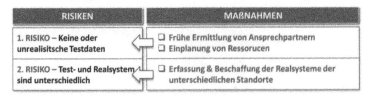

Abbildung 3.7: Risiken bei der Integration des LMS (eigene Darstellung)

Phase III - Installation des Learn Management Systems

In der *Installations*-Phase wird das LMS an den einzelnen Standorten installiert und erneut bis zu dessen Abnahme getestet. Die größten Risiken dieser Phase sind (Abbildung 3.8):

- **Probleme bei der Datenmigration:** Es kann bei der Datenmigration zu Fehlern kommen. Um die Auswirkung der möglicher Probleme zu minimieren sollten Kerngrößen erhoben werden um die Vollständigkeit der Daten sicherzustellen. Darüber hinaus sollte die Datenmigration ausgehend von einer Pilotniederlassung inkrementell erfolgen um aus Fehlern vorangegangener Überführungen zu lernen.

- **Systemausfall beim Rollout:** Trotz sorgfältiger Tests besteht das Risiko, das bei der Änderung der IT-Landschaft Komponenten ausfallen, die für den Produktivbetrieb notwendig sind. Um gegen diesen Ernstfall vorbereitet zu sein, sollte eine Fallback-Strategie ausgearbeitet und probeweise durchgeführt worden sein.

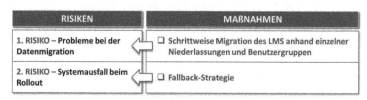

Abbildung 3.8: Risiken bei der Installation des LMS (eigene Darstellung)

Phase IV - Betrieb und Wartung des Learn Management Systems

Im Rahmen der letzten Phase kann es zur Ablehnung des LMS von einzelnen Benutzergruppen kommen. Um dieses Risiko zu minimieren, sollten die Vorteile des Systems im Rahmen von Informationsveranstaltungen klar kommuniziert werden. Darüber hinaus muss genügend Zeit für die Schulung der einzelnen Kundengruppen eingeplant und die Rollen und Prozesse der neuen Aufbau- und Ablauforganisation erläutert werden.

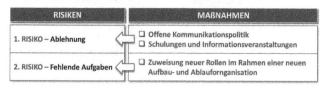

Abbildung 3.9: Risiken beim Betrieb und Wartung des LMS (eigene Darstellung)

Kapitel 4

Diskussion

4.1 Vorteile des Risikomanagements

1. **Systematisches Vorgehen:** Das Risikomanagement stellt ein systematisches Vorgehen mit etablierten Methoden bereit um mit Risiken richtig umzugehen. Das Ergebnis ist eine frühe Risikobehandlung in jeder Phase der Implementierung (COSO, 2004).

2. **Verbesserte Kapitalverwendung:** Eine aussagekräftige Risikoabschätzung hilft den Projektverantwortlichen den Aufwand für eine Gegenmaßnahme besser abzuschätzen und das dafür verwendete Kapital besser zu planen.

3. **Risikokommunikation:** Kunde und Auftragnehmer können offen ihre Bedenken äußern und objektiv begründen anstatt diese einfach zu benennen. Dies führt zu einer besseren Kommunikation zwischen beiden Parteien (Fairbanks, 2011, S. 8).

4.2 Grenzen des Risikomanagements

1. **Keine Garantie:** Das Risikomanagement versucht alle Risiken zu identifizieren. Es ist jedoch auf die verfügbaren Ressourcen wie Informationen, Interessengruppen, Zeit und Budget limitiert. Zum anderen kann das Risikomanagement keine Risiken entfernen sondern lediglich deren negativen Auswirkungen minimieren.

2. **Missbrauch des Risikomanagements:** Nach Power (2007) werden Risikomanagementsysteme oft angewendet um komplexe und unklare Zusammenhänge in scheinbar einfache Risiken umzuwandeln. Dies ist eine Illusion. Die Beteiligten müssen verstehen, dass das Risikomanagement nur bei Risiken unterstützend wirken kann, die sich im jeweiligen Verantwortungsbereich befinden.

3. **Keine Entscheidungsabnahme:** Das Risikomanagement trifft selbst keine Entscheidungen. Es kann nur bei der Entscheidungsfindung unterstützen (PMI, 2008).

Kapitel 5

Zusammenfassung und Ausblick

Die Einführung eines Risikomanagements in die Implementierungsphase leistet einen entscheidenden Beitrag um auch komplexe IT-Projekte erfolgreich abzuschließen. Ein effektives Risikomanagement hilft Risiken zu identifizieren und entsprechend zu priorisieren. Um die Wichtigkeit des Risikomanagements für die Implementierung von IT-Systemen zu verstehen wurde im Abschnitt 2.1 der Begriff Implementierung festgelegt bevor auf das Risiko und das Risikomanagement selbst näher eingegangen wurde.

Im Abschnitt 3.1 wurde die Rolle des Risikomanagements in die Implementierung eingeordnet. Daran anschließend wurde im Abschnitt 3.3 exemplarisch für die Einführung eines Learn Management Systems im Rahmen der Fallstudie Learnit Ltd. ein Risikomanagement-Konzept erarbeitet. Das Risikomanagement-Konzept umfasst einen angepassten Risikomanagementprozess mit entsprechenden Analysemethoden sowie einer Empfehlung für die Wahl der richtigen Implementierungsstrategie. Zum anderen weist das Konzept auf potentielle Risiken hin, die in den einzelnen Phasen der Umsetzung des Learn Management Systems auftreten können, und erläutert entsprechende Gegenmaßnahmen.

Im Kapitel 4 wurden die Vorteile und Grenzen des Risikomanagements für die Implementierung von IT-Projekten gegenübergestellt. Auf der einen Seite hilft das Risikomanagement mögliche Risiken frühzeitig zu erkennen. Auf der anderen Seite argumentieren Kritiker, dass das Risikomanagement die Projektbeteiligten bei der Entscheidungsfindung nur begrenzt unterstützt. Letztendlich werden Entscheidungen von Menschen getragen.

Trotz der Kritik unterstützt das Risikomanagement die Projektverantwortlichen sich auf widrige Umstände einzustellen und negative Überraschungen zu reduzieren. Im Gegensatz dazu werden IT-Systeme in Zukunft immer längere Laufzeiten aufweisen, sodass besonders die Implementierungs- und Wartungsphase stärker in den Fokus rücken werden. Aus diesem Grund wird ein funktionierendes Risikomanagement immer wichtiger oder wie es der Autor Tom Gilb zusammenfasst:

If you don't actively attack risks, they will actively attack you."

(Gilb, 1988, S. 72)

Literaturverzeichnis

[1] Ackermann, E. (2005). *Ein Referenz-Prozessmodell zur Software-Migration* (Diplomarbeit). Koblenz, Deutschland: Universität Koblenz-Landau.

[2] Agarwal, B. B., Tayal, S. P., & Gupta, M. (2009). *Software Engineering & Testing* (1. Auflage). Burlington, MA: Jones & Bartlett Learning.

[3] Baumgartner, P., Häfele, H., & Maier-Häfele, K. (2002). *E-Learning Praxishandbuch* (1. Auflage). Innsbruck, Österreich: Studienverlag.

[4] BMVg (1997). *Entwicklungsstandard für IT-Systeme des Bundes*, Allgemeiner Umdruck Nr. 250/1. Koblenz, Deutschland.

[5] Boehm, B. W. (1981). *Software Engineering Economics* (1. Auflage). Englewood Cliffs, NJ: Prentice Hall.

[6] Boehm, B. W. (1988). A Spiral Model of Software Development and Enhancement. *IEEE Computer, 21*, S. 61-72.

[7] Bunse, C., & Knethen, Antje (2008). *Vorgehensmodelle kompakt* (2. Auflage). Heidelberg, Deutschland: Spektrum.

[8] Chikofsky, E. J., & Cross , J. H. (1990). Reverse Engineering and Design Recovery: A Taxonomy. *IEEE Software, vol. 7, no. 1*, S. 13-17.

[9] COSO (2004). *Enterprise Risk Management - Integrated Framework*, abgerufen am 15. Februar 2012, http://www.coso.org.

[10] Fairbanks, G. (2010). *Just Enough Software Architecture: A Risk-Driven Approach* (1. Auflage). Boulder, CO: Marshall & Brainerd.

[11] Gilb, T. (2007). *Principles of Software Engineering Management* (2. Auflage). Wokingham, England: Addison Wesley.

[12] Herrmann, A. (2009). *Konzeption einer Implementierungsstrategie*. Stuttgart, Deutschland: AKAD Hochschulen.

[13]   IEEE (1990). *610.12-1990 - IEEE Standard Glossary of Software Engineering Terminology*, abgerufen am 15. Februar 2012, http://standards.ieee.org/findstds/standard/610.12-1990.html.

[14]   ISO, & IEC (2008). *ISO/IEC 27005:2008 information security standard*. Geneva, Switzerland: ISO.

[15]   Jeffery, M., & Leliveld, I. (2004). *Best Practices in IT Portfolio Management*, abgerufen am 16. Februar 2012, http://sloanreview.mit.edu/the-magazine/articles/2004/spring/45309/best-practices-in-it-portfolio-management.

[16]   Jobs, S. P. (1994). *There's sanity returning*, abgerufen am 26. Februar 2012, http://www.businessweek.com/1998/21/b3579165.htm.

[17]   Kerzner, H. (2009). *Project Management: A Systems Approach to Planning, Scheduling, and Controlling* (10. Auflage). Hoboken, NJ: John Wiley & Sons.

[18]   Königs, H.-P. (2009). *IT-Risiko-Management mit System* (3. Auflage). Wiesbaden, Germany: Vieweg+Teubner.

[19]   Kouns, J., & Minoli, D. (2010). *Information Security Risk Management* (1. Auflage). Hoboken, NJ: John Wiley & Sons.

[20]   Kroll, P., Krutchten, P., & Booch, G. (2004). *The Rational Unified Process Made Easy: A Practitioner's Guide to the RUP* (4. Auflage). Longman, Amsterdam: Addison Wesley.

[21]   Kruchten, P. (2003). *The Rational Unified Process: An Introduction* (3. Auflage). Upper Saddle River, NJ: Addison-Wesley.

[22]   Power, M. (2007). *Organized Uncertainty: Designing a World of Risk Management*. Oxford, England: Oxford University Press.

[23]   Project Management Institute (2008). *A Guide to the Project Management Body of Knowledge* (4. Auflage). Newtown Square, PA: Project Management Institute.

[24]   Higuera, R. P., Gluch, D.P., Dorofee, A. J., Murphy, R.L., Walker, J. A., & Williams, R. C. (1994). *An Introduction to Team Risk Management*, abgerufen am 26. Februar 2012, http://www.sei.cmu.edu/reports/94sr001.pdf.

[25]   Schwaber, K., & Beedle, M. (2002). *Agile Software Development with Scrum* (1. Auflage). Upper Saddle River, NJ: Prentice Hall.

[26] Sneed, H. M. (1999). *Objektorientierte Softwaremigration*. Bonn, Deutschland: Addison-Wesley.

[27] Taylor, H. (2006). Risk management and problem resolution strategies for IT projects. *Project Management Journal, 37*, 49-63.

[28] Tesch, D., Kloppenborg, T. J., & Frolick, M. N. (2007). IT Project Risk Factors: The Project Management Professionals Perspective. *Journal of Computer Information Systems, 47*, 61-70.

[29] The Open Group (2009). *The Open Group Architecture Framework (TOGAF)* (9. Auflage). San Francisco, CA: The Open Group.

Anhang A

Softwareentwicklung

A.1 Vorgehensmodelle der Implementierung

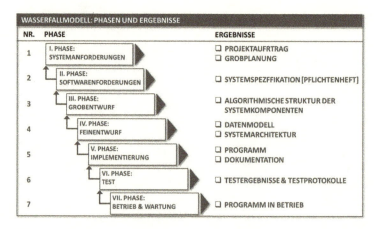

Abbildung A.1: Phasen und Ergebnisse der Softwareentwicklung (Herrmann, 2009, S. 3)

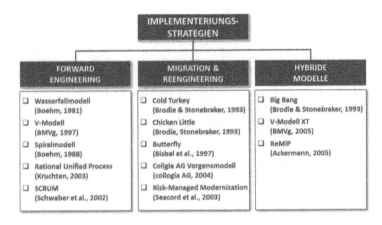

Abbildung A.2: Vorgehensmodelle der Implementierung (eigene Darstellung)

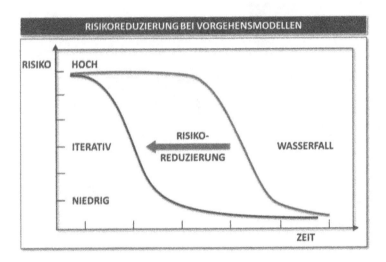

Abbildung A.3: Risikoreduzierung bei Vorgehensmodellen (Kroll, Krutchten, & Booch, 2004, S. 29)

A.2 Forward Engineering versus Migration

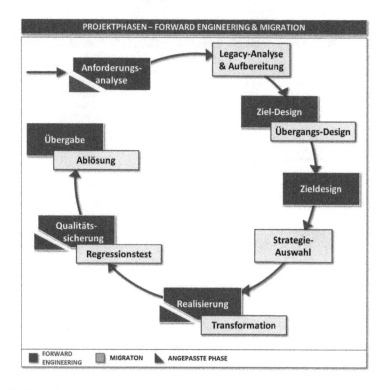

Abbildung A.4: Phasen des Forward Engineering und der Migration (Ackermann, 2005)

Anhang B

Learnit Ltd - Überblick

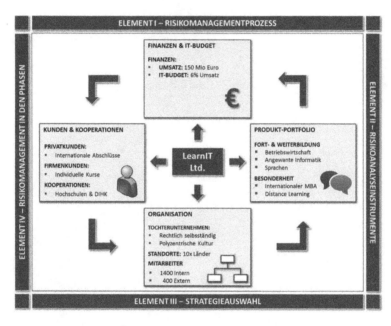

Abbildung B.1: Überblick über die Learnit Ltd (eigene Darstellung)